Le royaume
des animaux

Millie Marotta

Le royaume des animaux

Carnet de coloriage & safari antistress

marabout

Introduction

J'ai passé une enfance merveilleuse dans une petite ferme de l'ouest du pays de Galles, les doigts tachés d'encre noire, à dessiner les bêtes qui m'environnaient ou à inventer des jeux fabuleux en leur compagnie. Le temps a passé mais cette passion ne m'a jamais quittée.

Les formes innombrables de la vie animale m'éblouissent toujours autant – depuis les minuscules coléoptères que, petite fille, j'observais en train de ramper sur les feuilles des digitales au fond de notre jardin, jusqu'aux somptueux oiseaux de paradis que j'ai eu la chance de découvrir, des années plus tard, dans la canopée des forêts tropicales. Toujours accompagnée de mon carnet et de mon crayon, je n'ai jamais résisté à l'envie de coucher sur le papier cet incroyable bestiaire.

Dans ce cahier, j'ai sélectionné pour vous mes animaux préférés. Stylo noir à pointe fine et crayons de couleur en main, partez à la découverte de mon arche de Noé : des poissons, des oiseaux, des mammifères, des reptiles, et même des invertébrés vous attendent au fil de ces pages. Certains se cachent dans les feuillages, d'autres nagent dans les abysses des fonds sous-marins. Le monde animal est souvent très secret, mais il aime à se laisser découvrir et on s'y perd alors avec bonheur.

Tous mes dessins sont ici en noir et blanc. Certains pourraient le rester et ne demandent qu'à ce que vous vous les appropriiez en ajoutant ici une volute, là un dégradé de hachurages gris, ailleurs encore un semis de petits points, quand d'autres seront magnifiés par la couleur. Dans ce cas, utilisez des crayons de couleur plutôt que des feutres.

Les crayons de couleur apportent plus de nuances et de subtilité, rendent des ombres plus délicates et, en permettant les superpositions, offrent la possibilité que les teintes se fondent pour obtenir de merveilleux dégradés.

Mais pourquoi ne pas vous lancer dans d'autres techniques ? Ce carnet est aussi fait pour que vous sortiez un peu des chemins battus et testiez ce qui vous passe par la tête. Conçu comme un point de départ, comme un socle, il attend que vous donniez vie et couleurs à ces animaux et à leur univers. Feuilletez-le, imprégnez-vous de l'ambiance qui en émane, puis laissez libre cours à votre imagination. Ce carnet est un carnet personnel, nulle crainte d'être jugé, nulle crainte de « mal faire », un seul désir, celui de se faire plaisir.

J'ai aussi laissé quelques pages blanches en fin d'ouvrage. Peut-être aurez vous envie d'y recopier une de mes illustrations, ou encore d'y tracer à main levée un dessin personnel, puis de l'embellir de couleurs chatoyantes et de majestueuses arabesques ? Quoi qu'il en soit, une fois que ce carnet de coloriage sera terminé, il sera devenu vôtre, œuvre personnelle et unique.

C'est sans doute cela qui m'importe le plus !

Millie Marotta

Le majestueux éléphant aime parader. Recouvrez son corps d'arabesques, de fleurs et de motifs décoratifs.

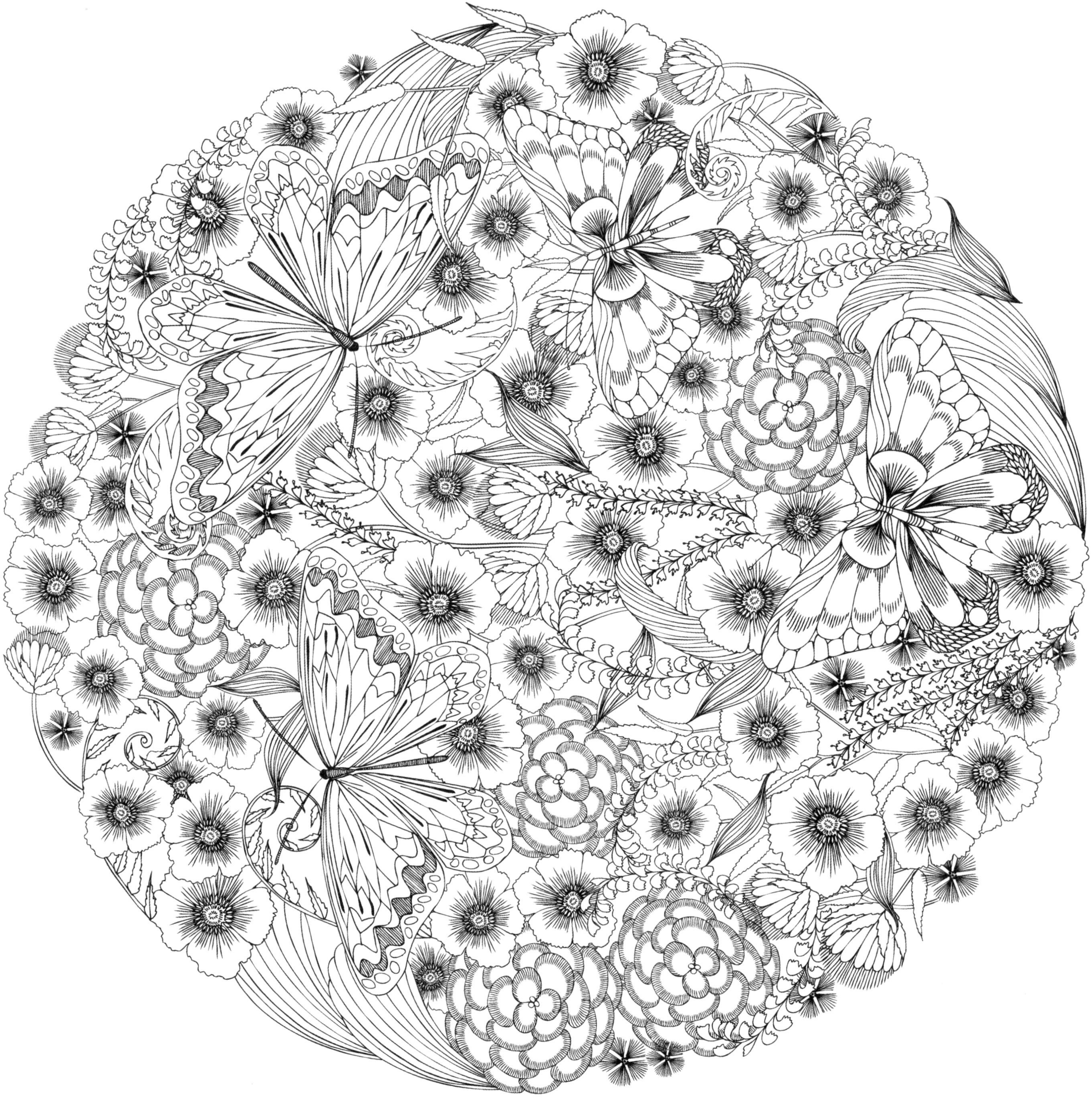

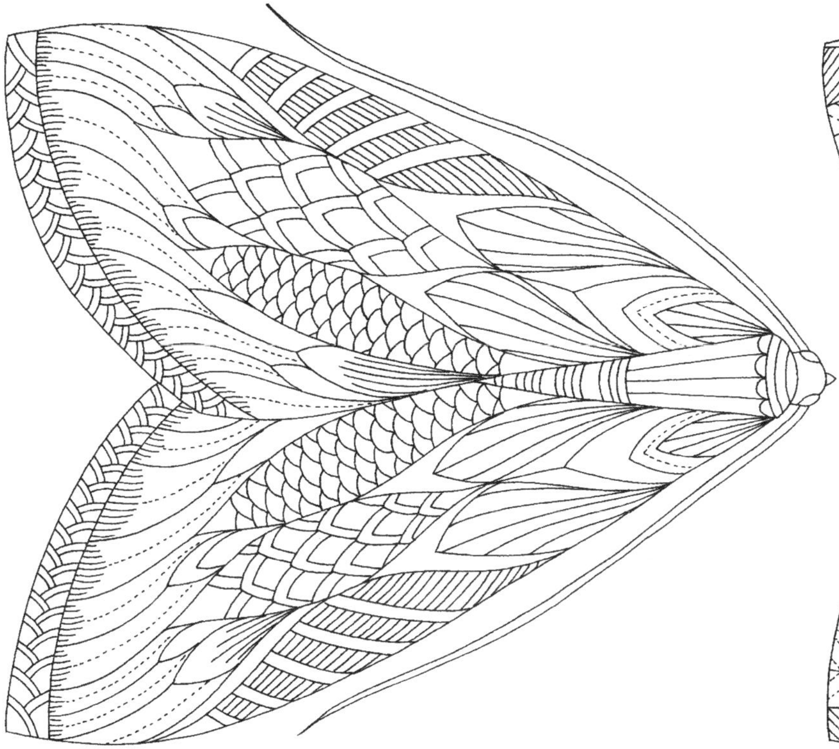
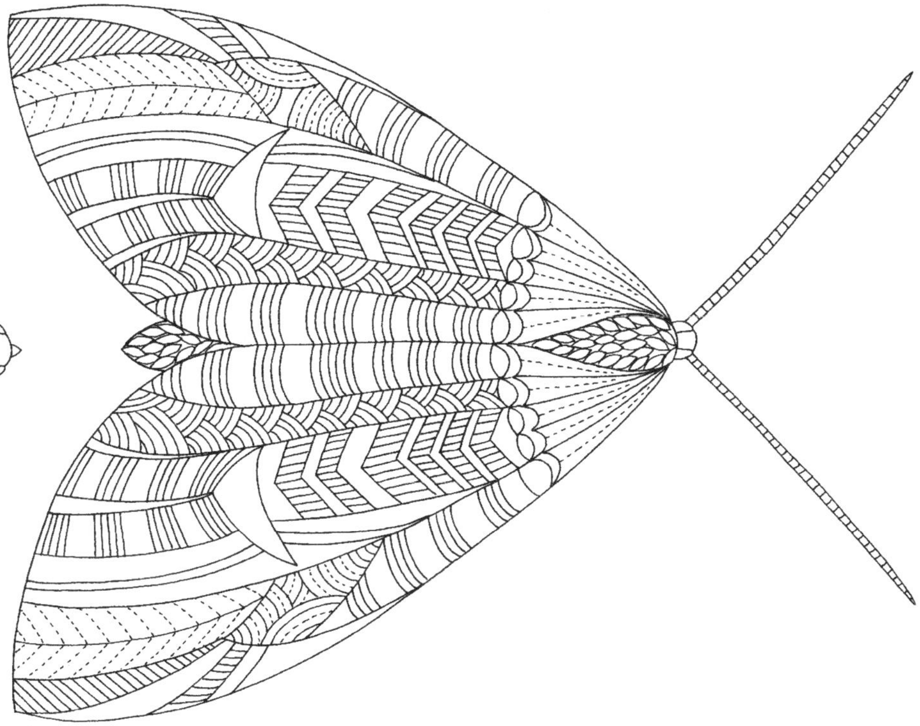
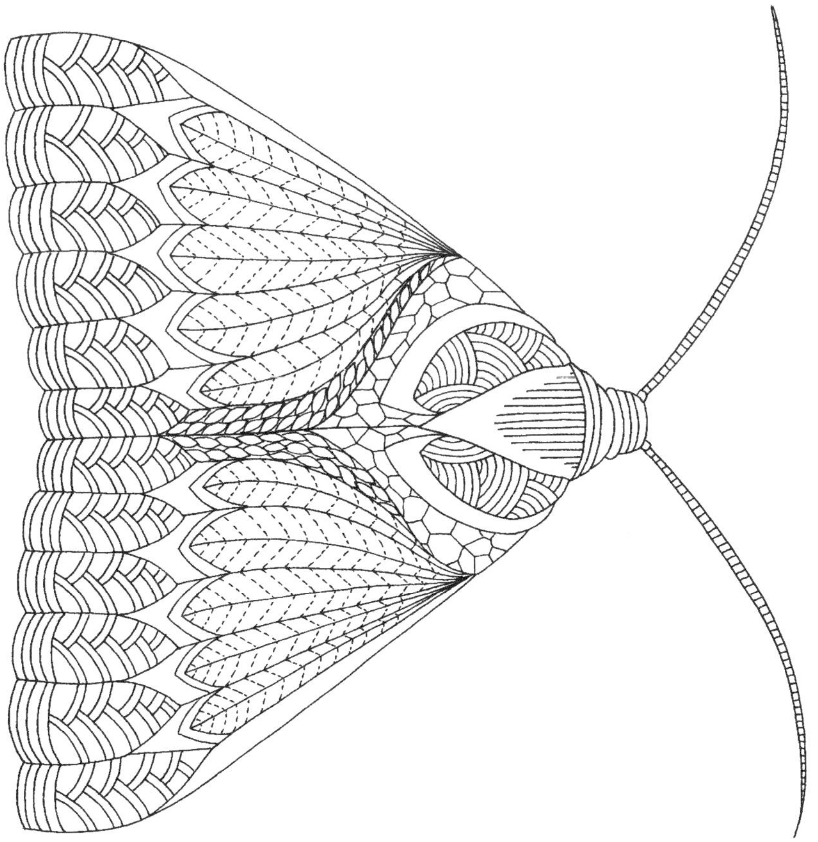
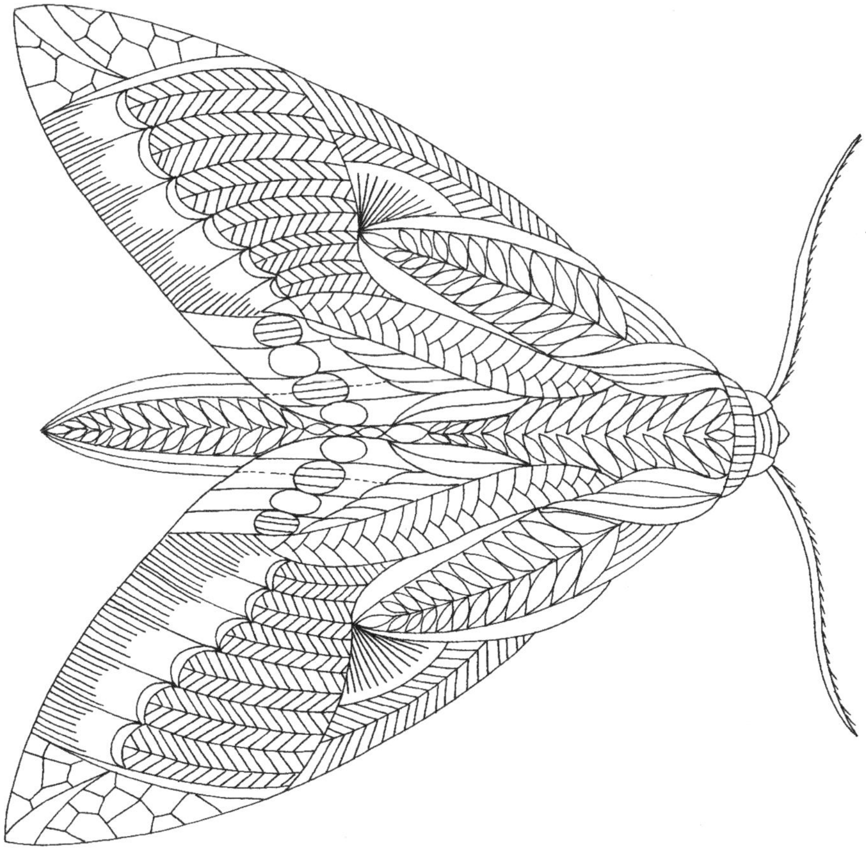

Coloriez le masque de bandit du raton laveur.

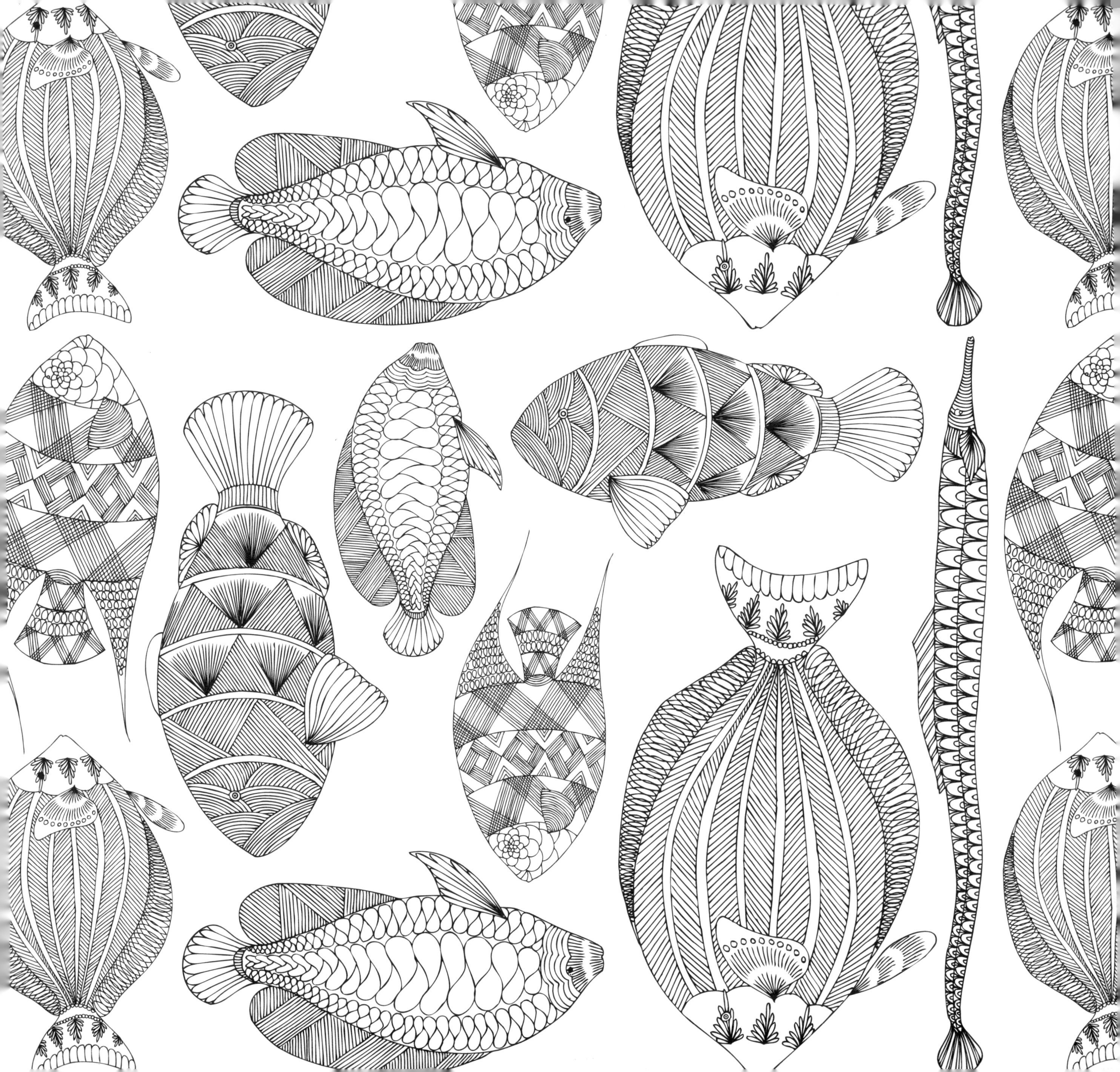

Les ailes de la mite sont recouvertes d'un délicat duvet.

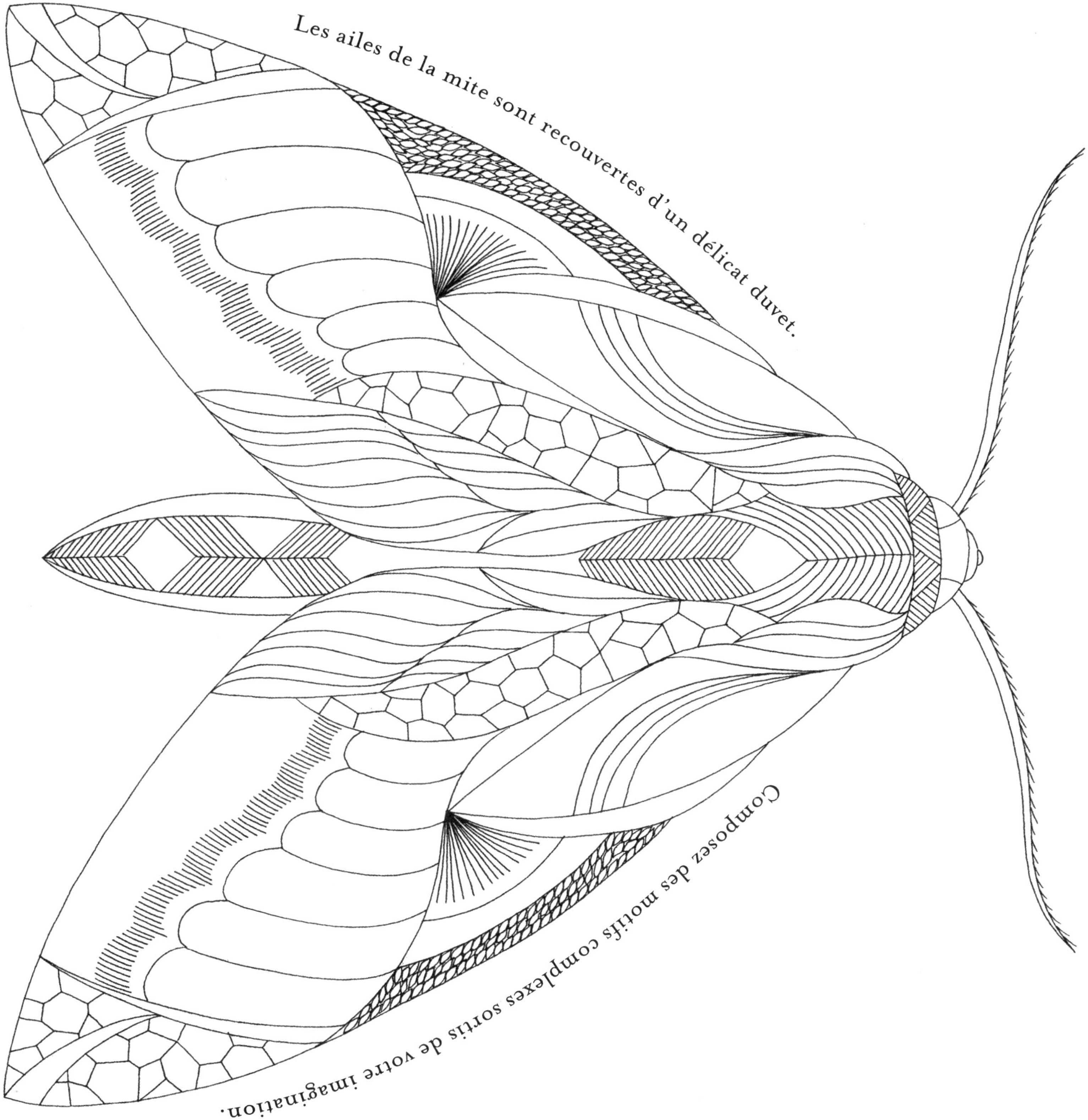

Composez des motifs complexes sortis de votre imagination.

Le coq est le roi de la basse-cour.

Apportez-lui une touche de sophistication et de majesté !

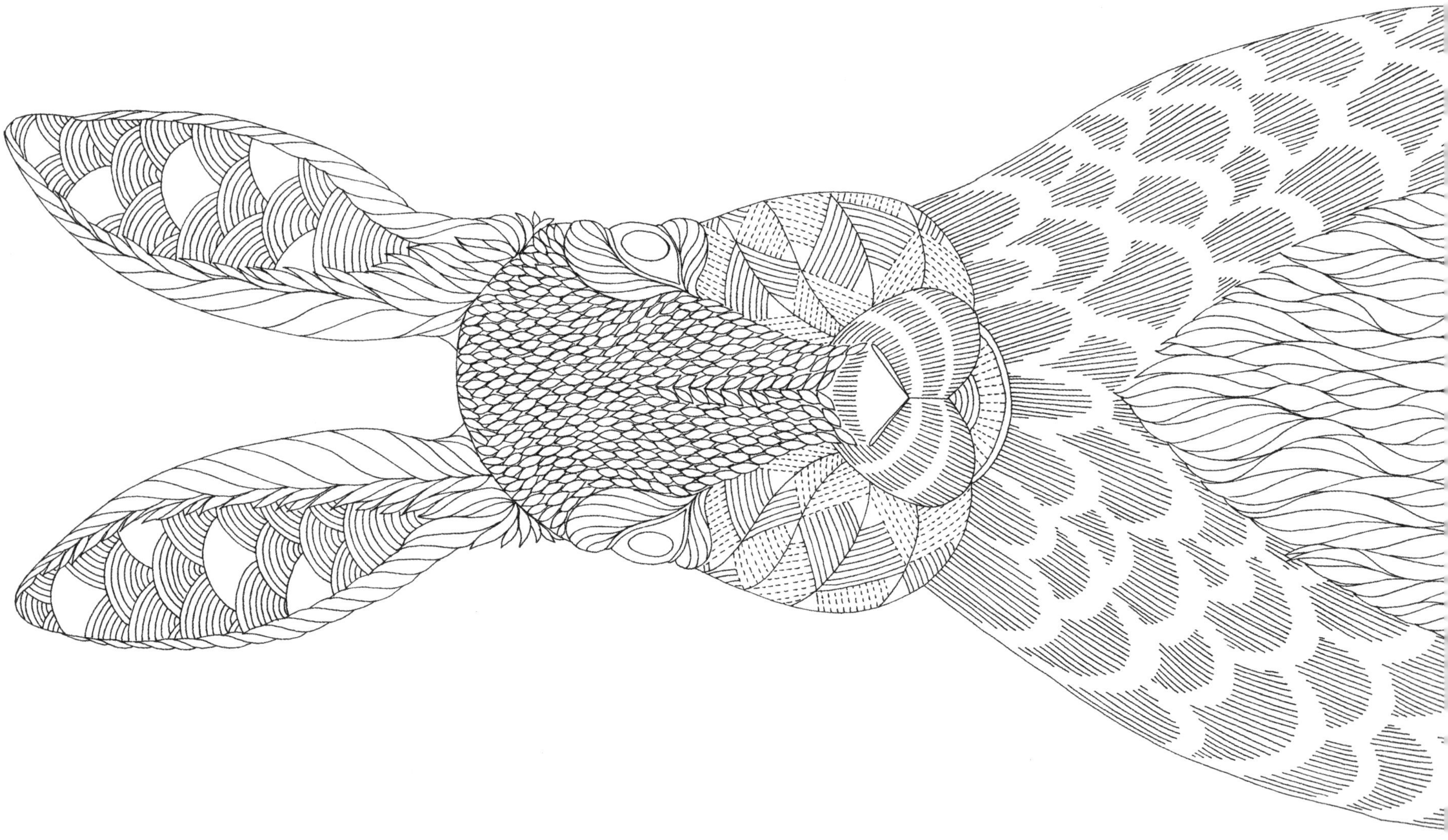

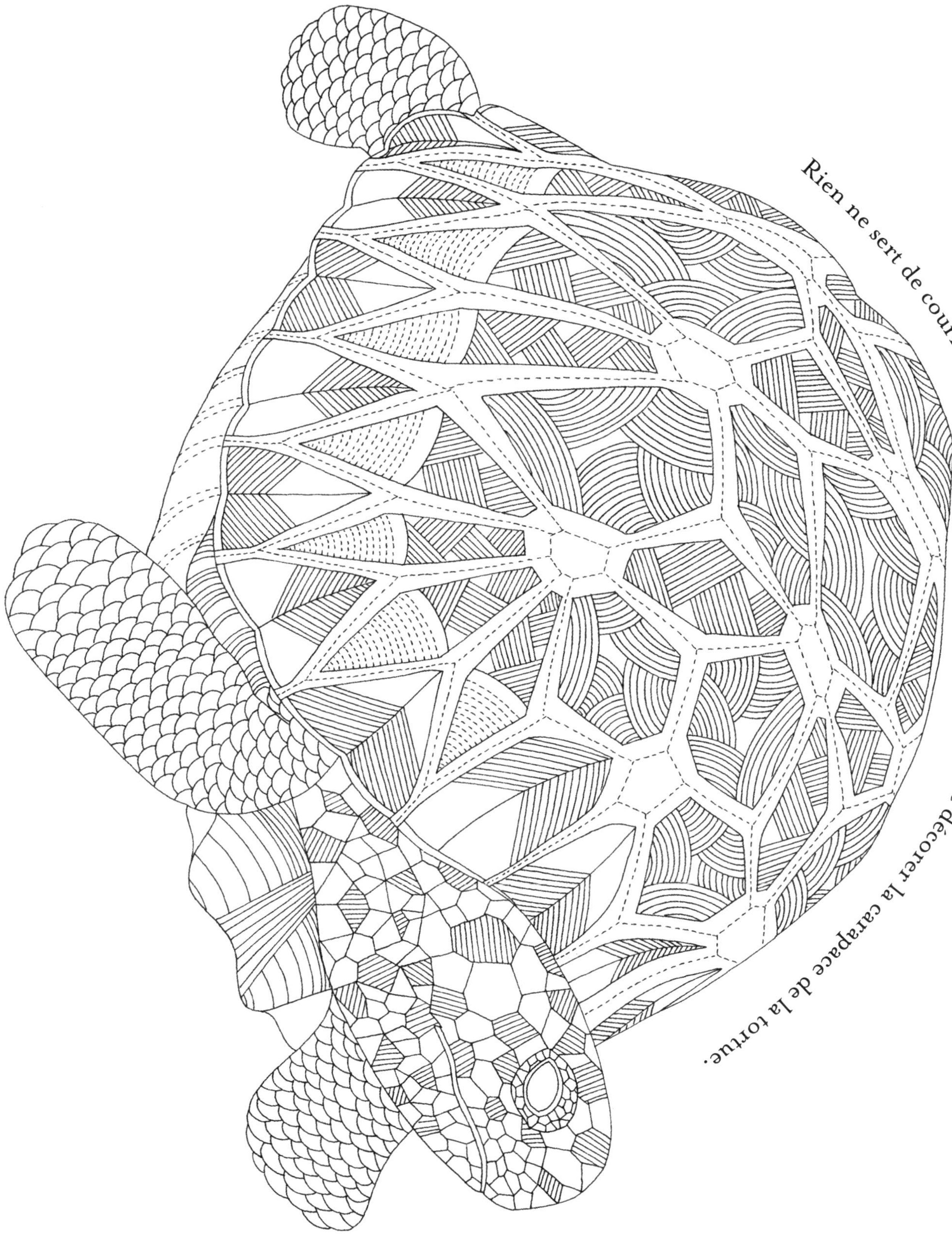

Rien ne sert de courir ; il faut partir à point. Prenez le temps de décorer la carapace de la tortue.

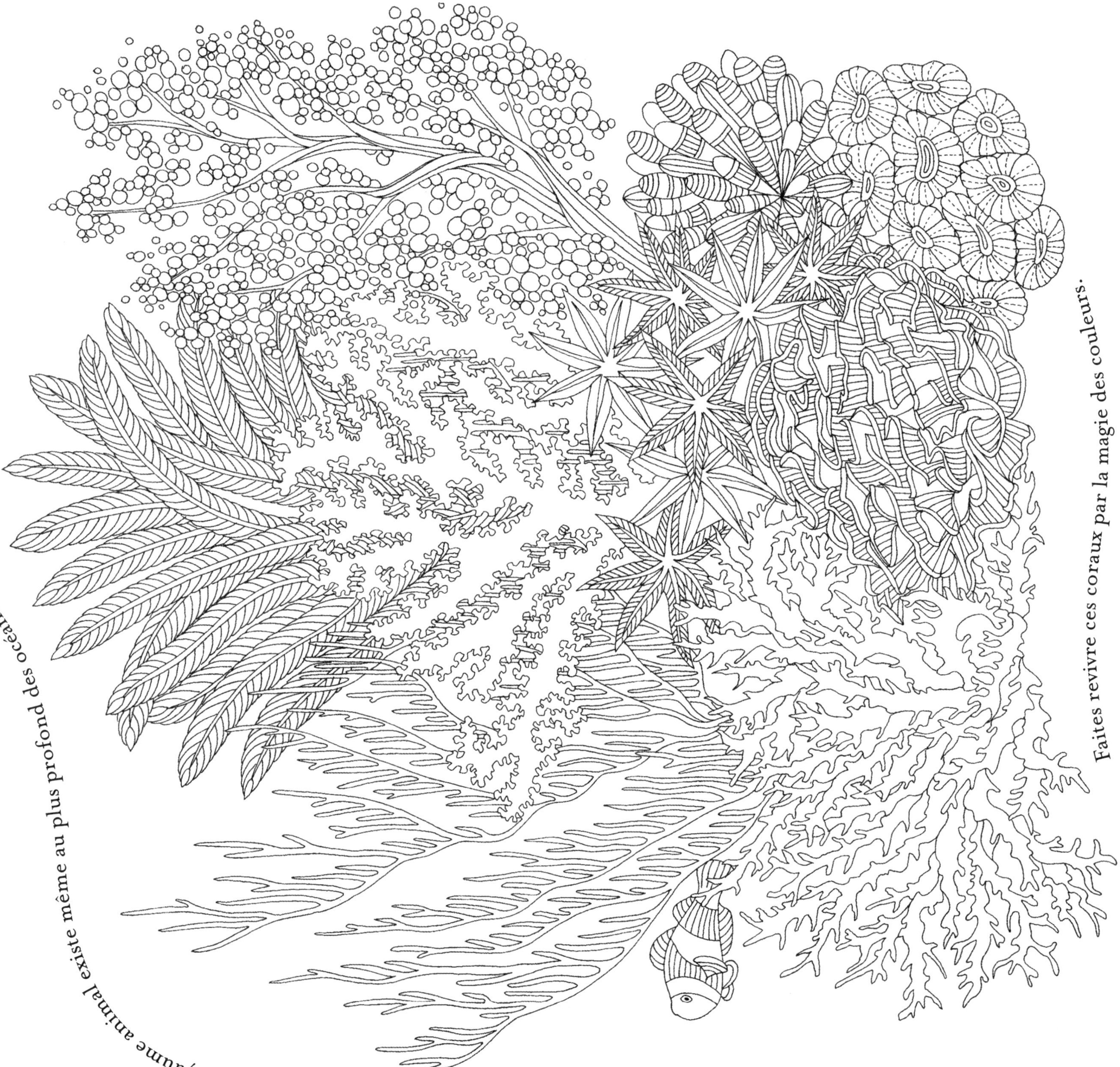

Le royaume animal existe même au plus profond des océans.

Faites revivre ces coraux par la magie des couleurs.

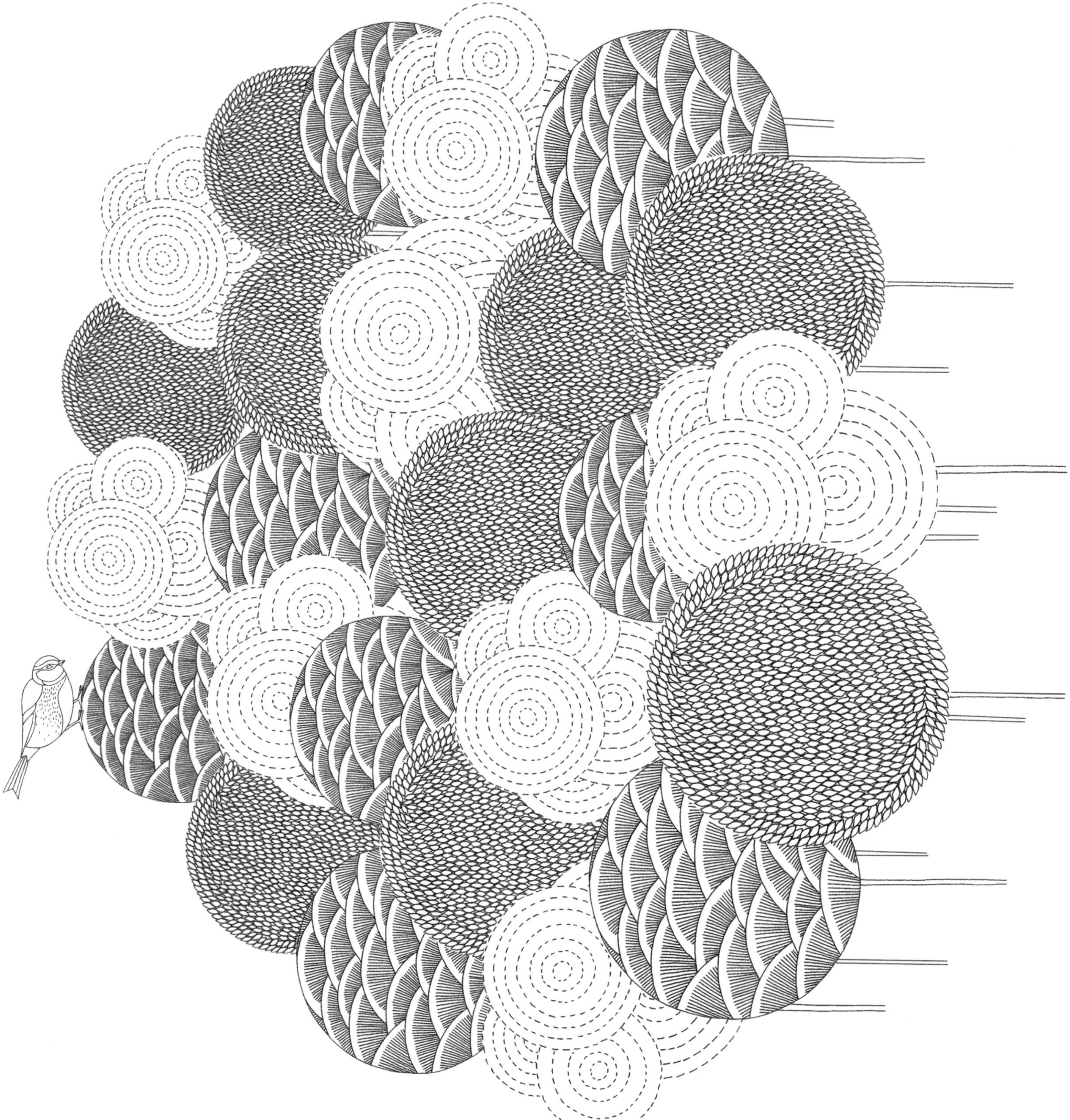

Remplissez ces arbres de différents feuillages, de multiples couleurs et d'oiseaux.

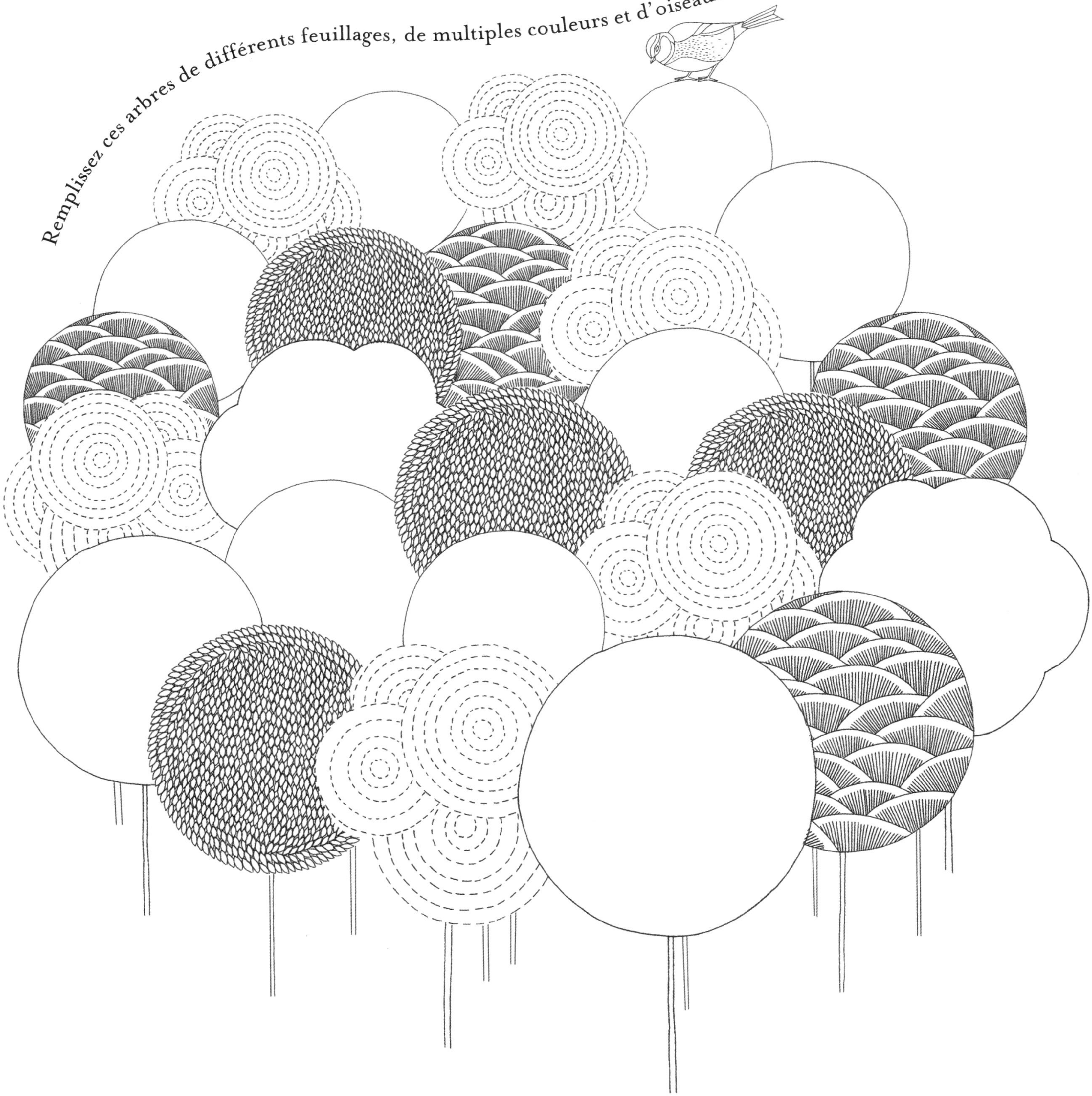

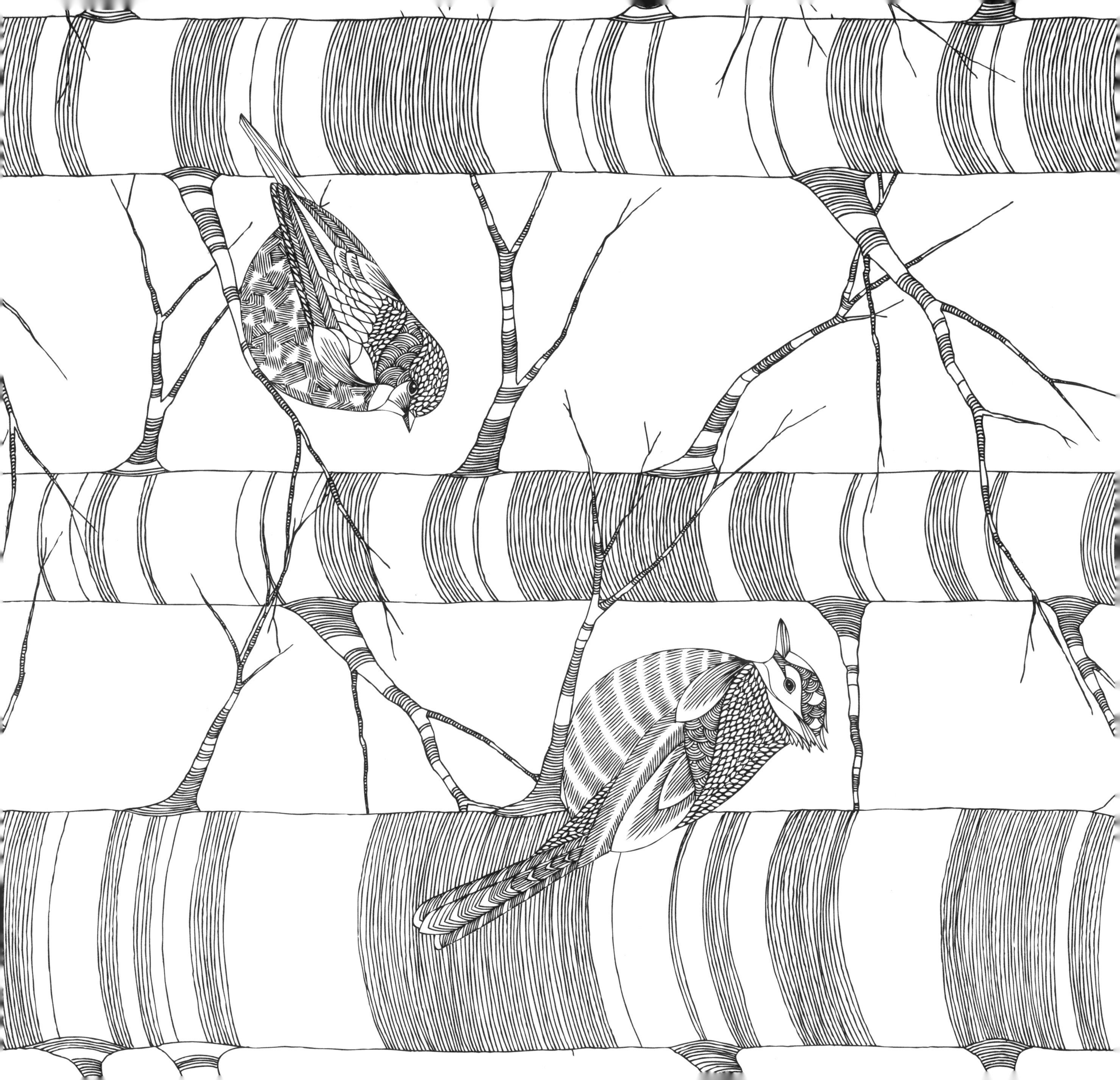

Utilisez de jolies teintes irisées pour faire chatoyer scarabées et hannetons.

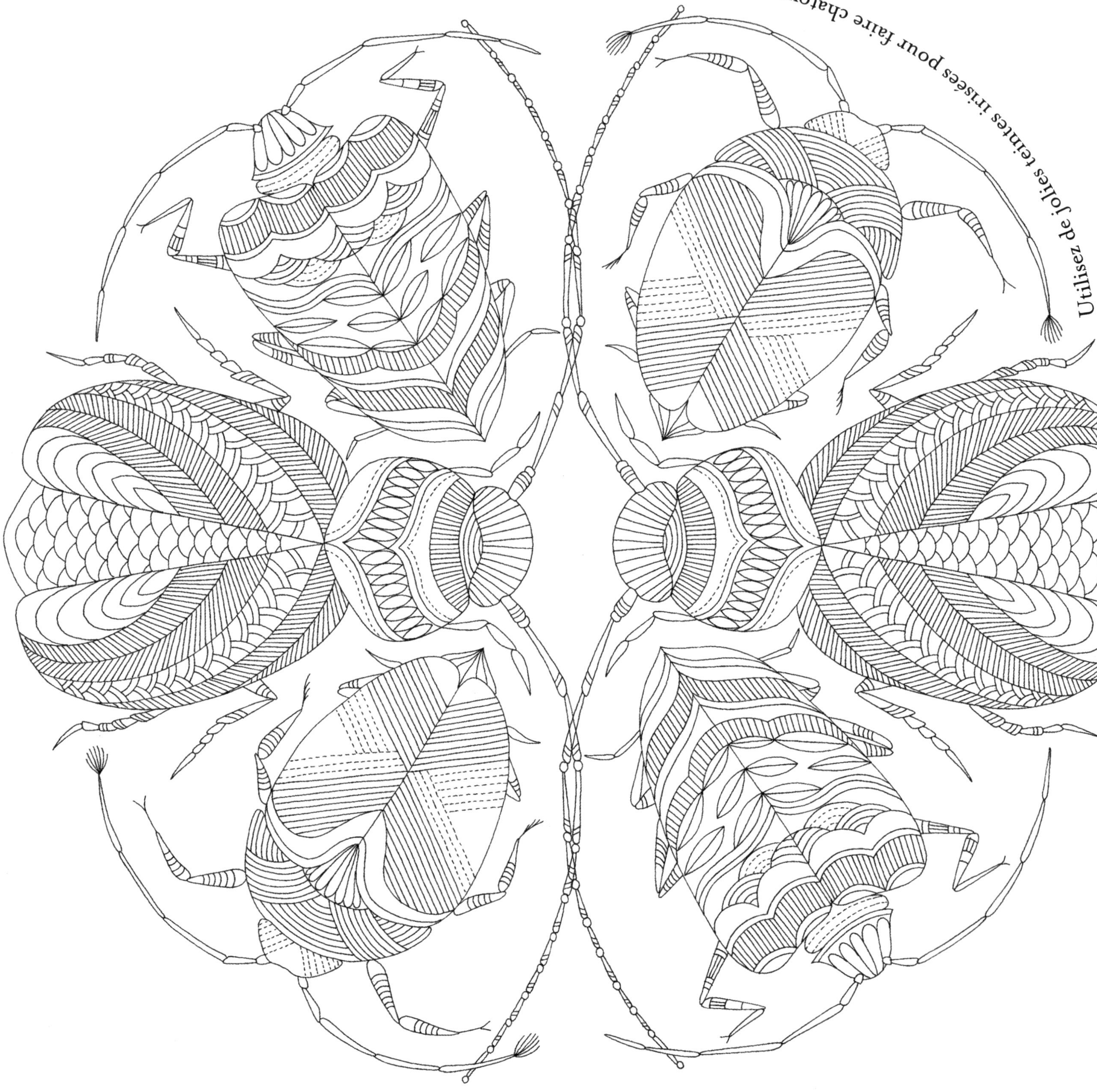

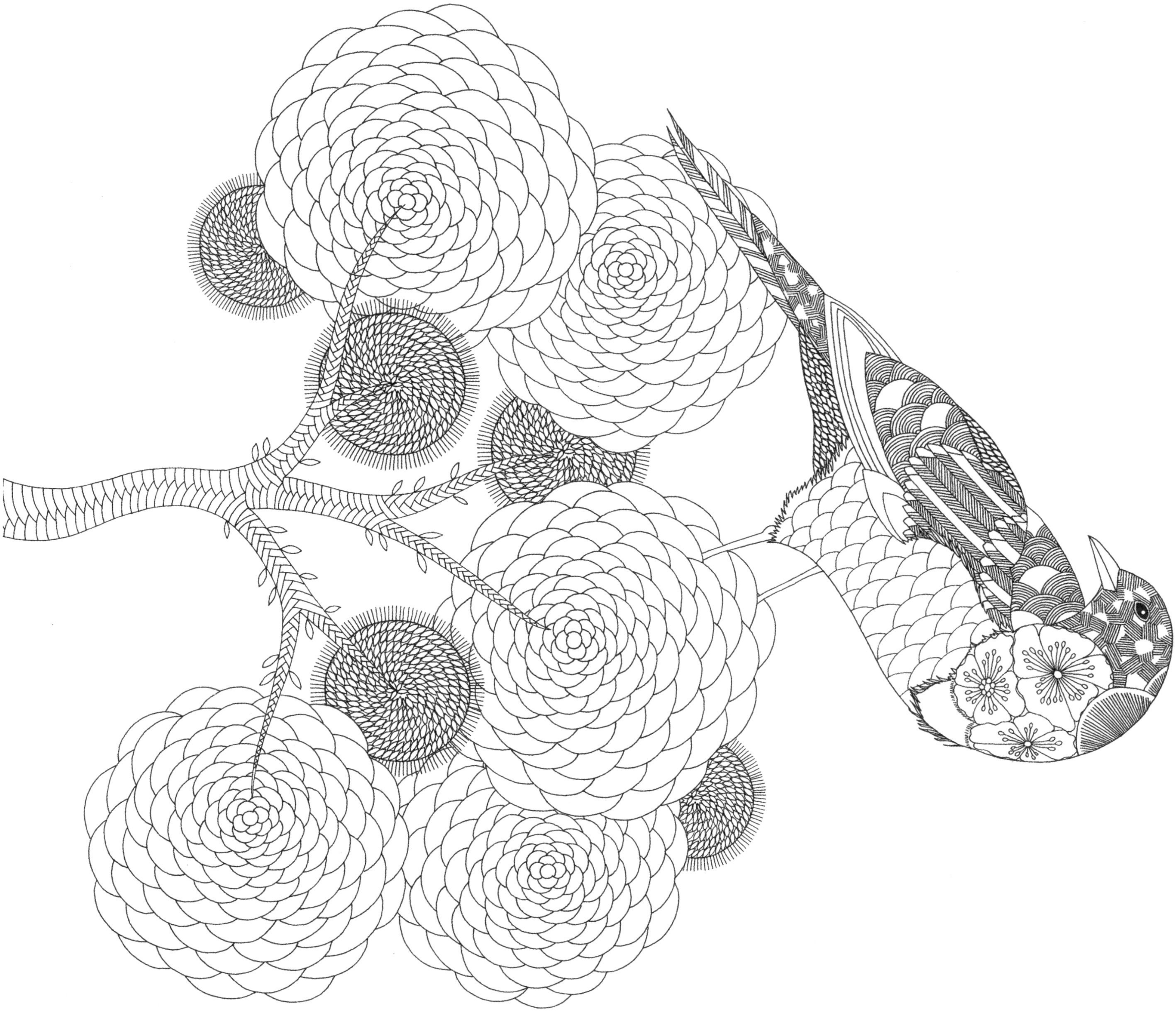

Offrez au lion de mer un nouveau pelage multicolore.

Les piqûres de méduses peuvent être douloureuses, aussi rendez-les bien visibles dans les vagues !

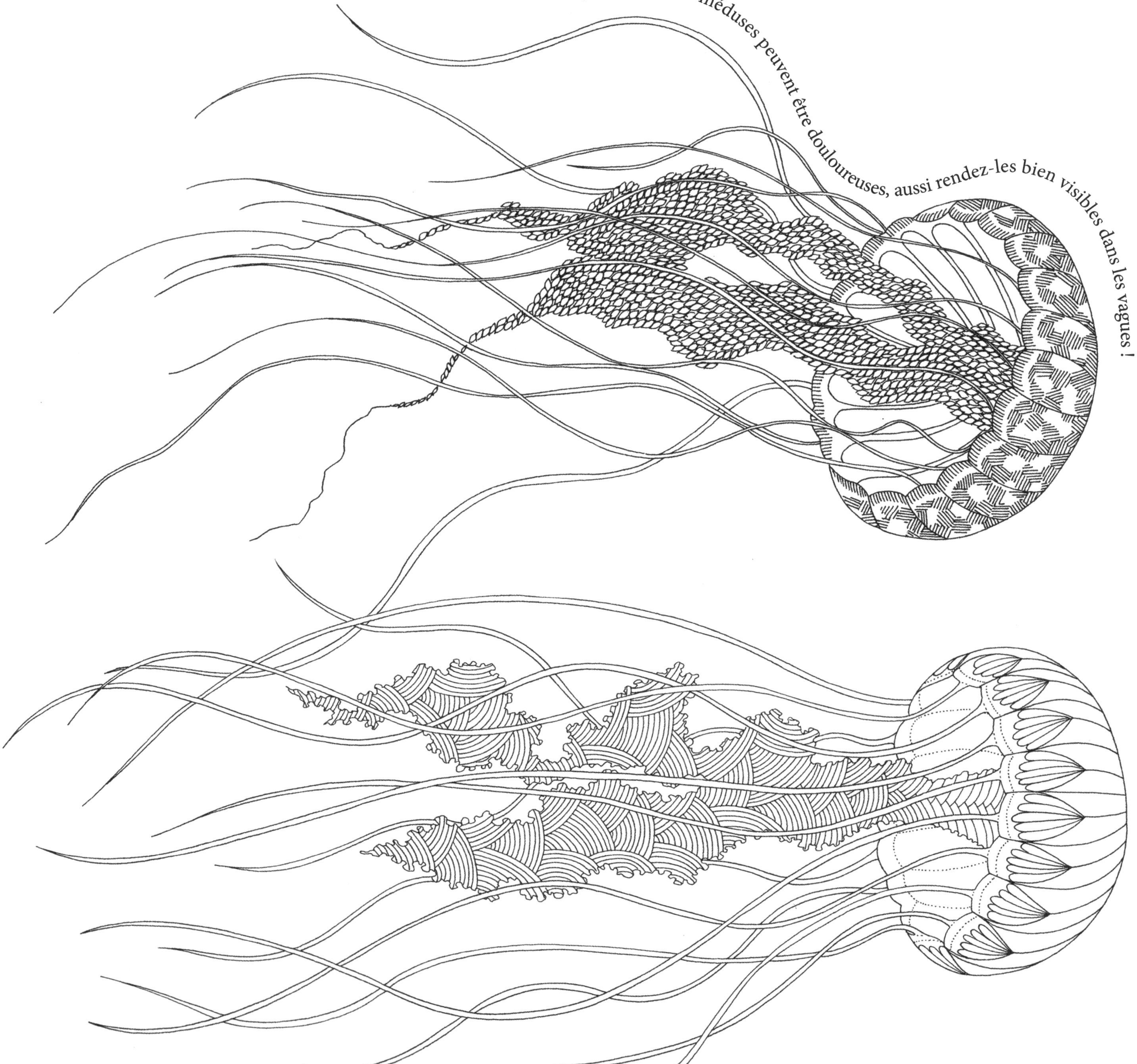

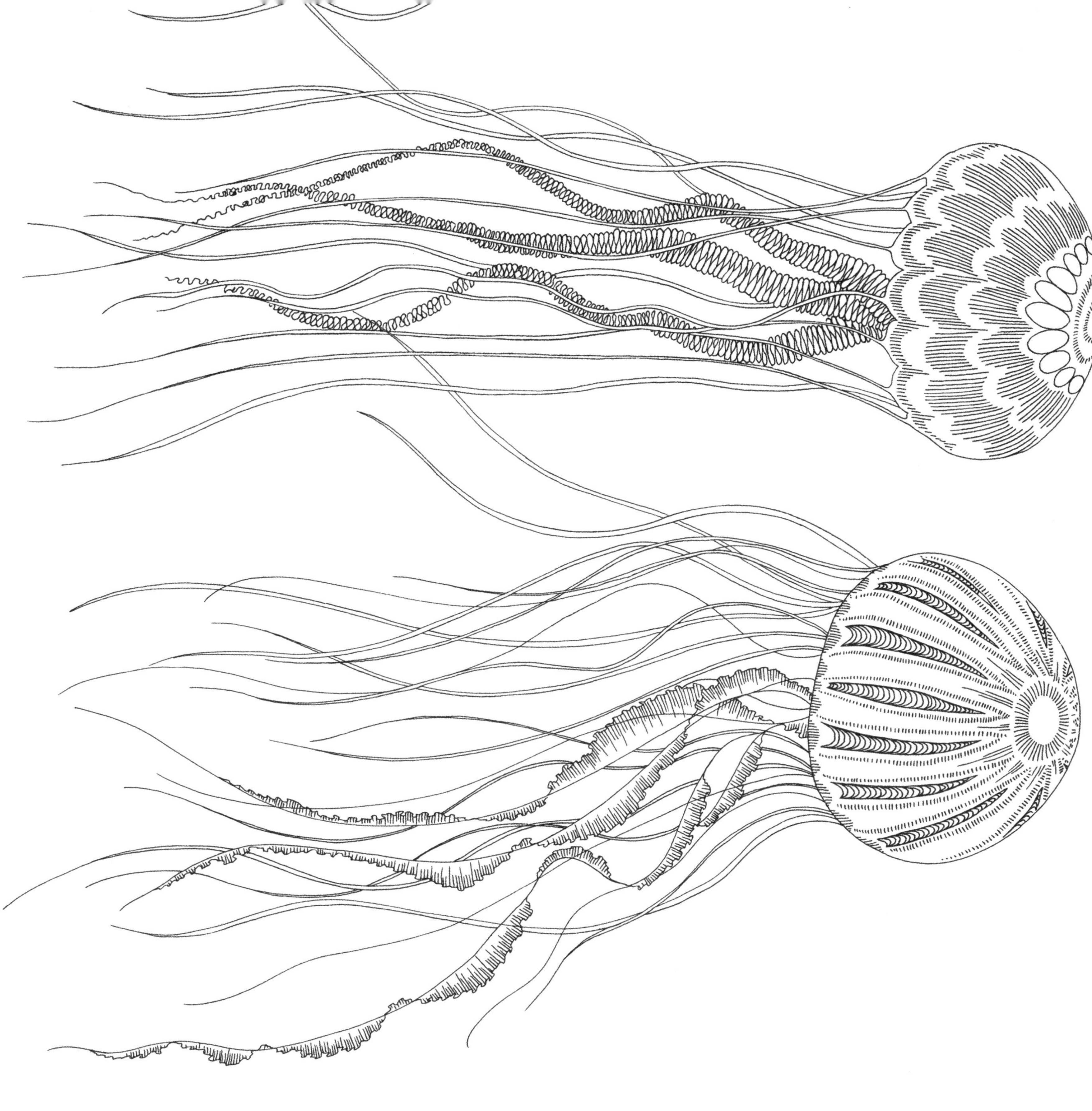

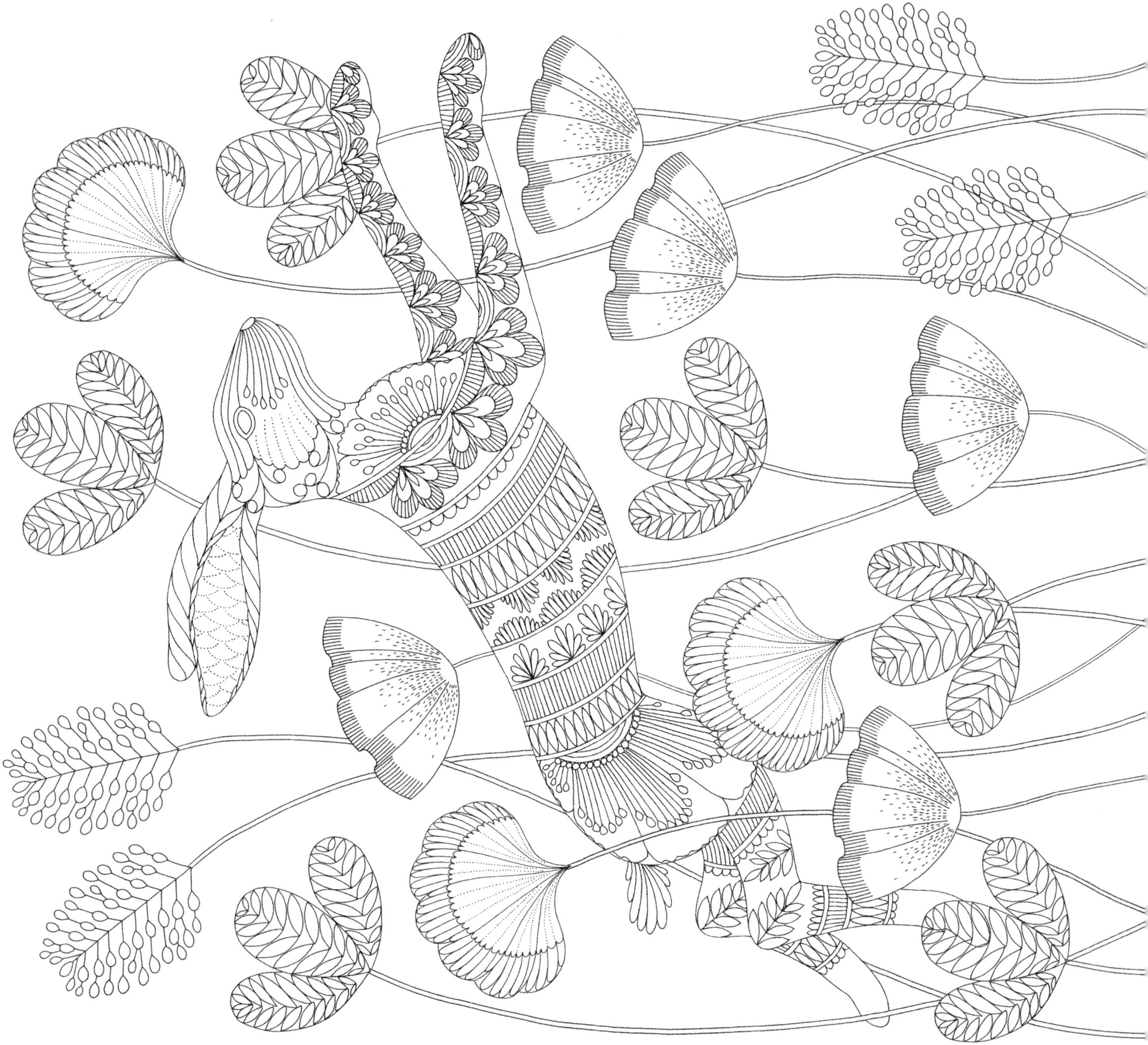

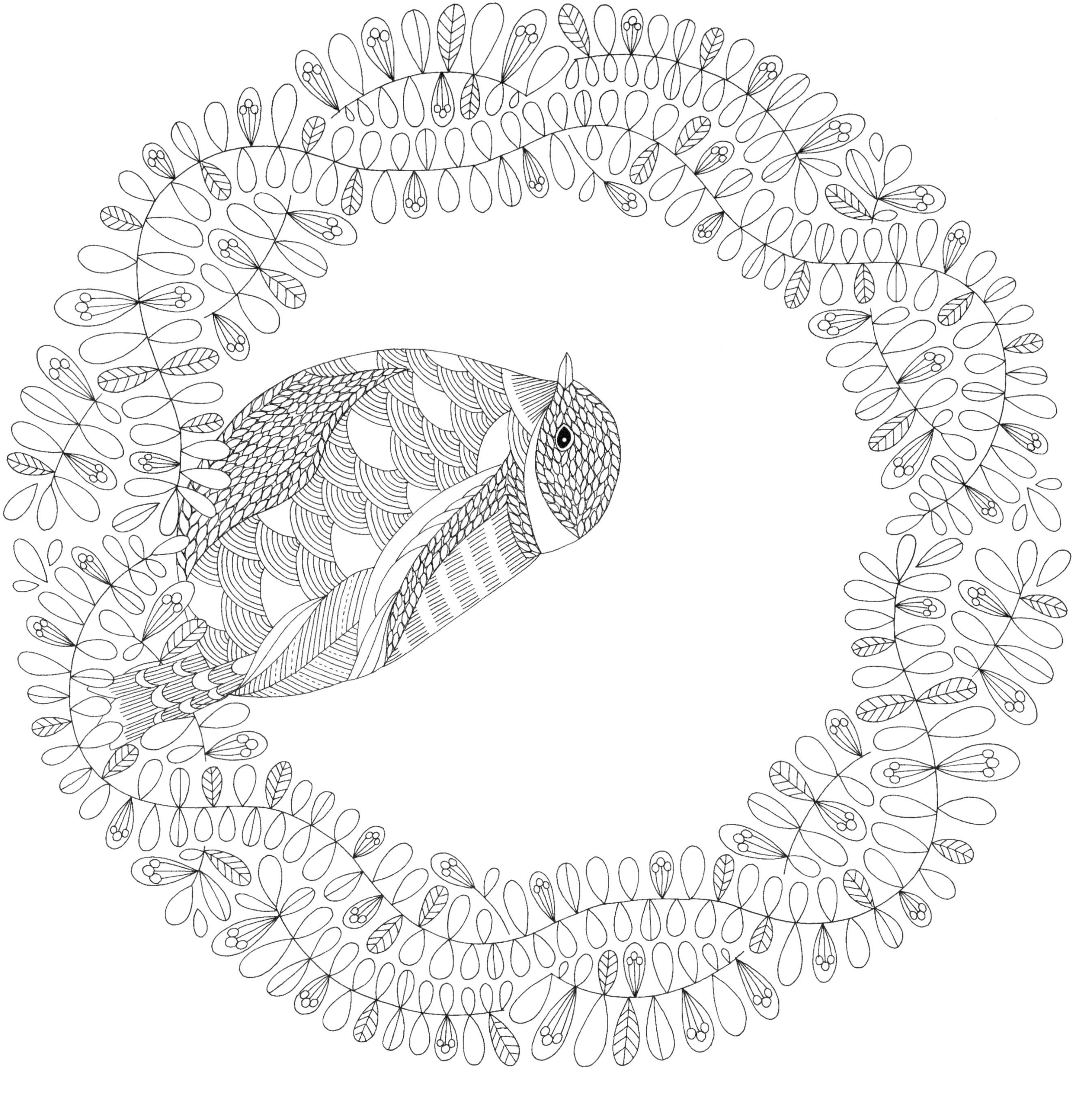

Complétez ces jolies fleurs pour achever ce tableau.

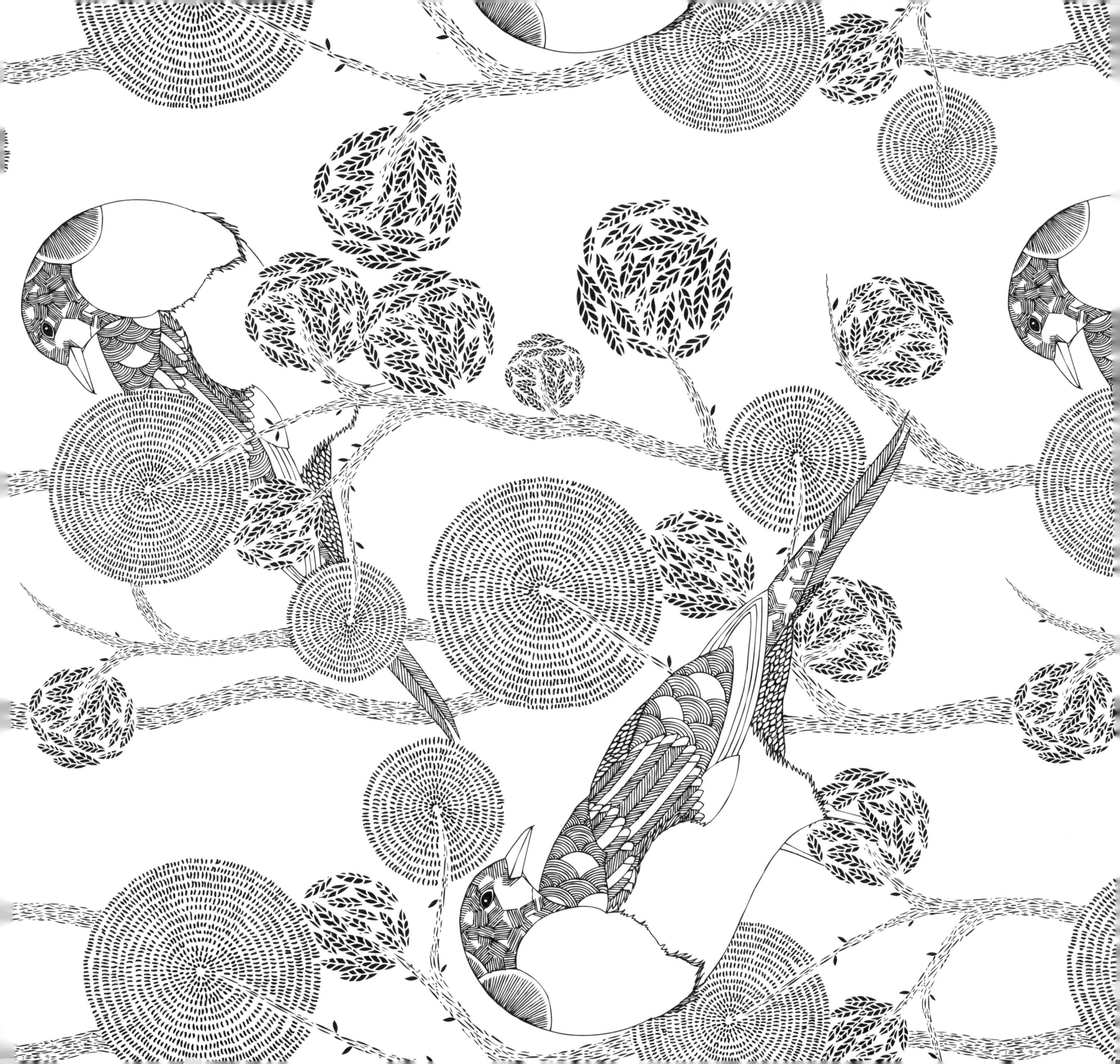

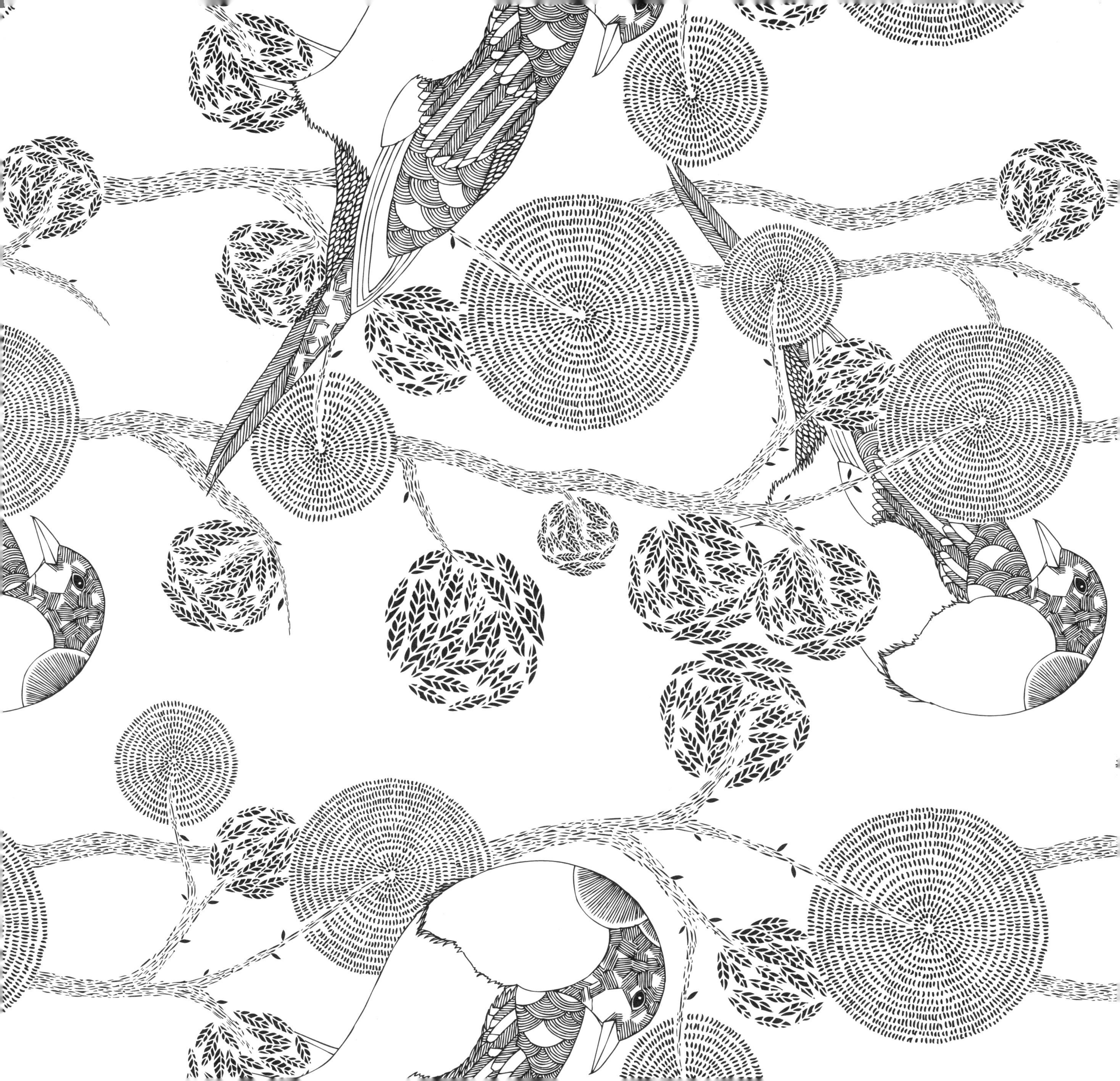

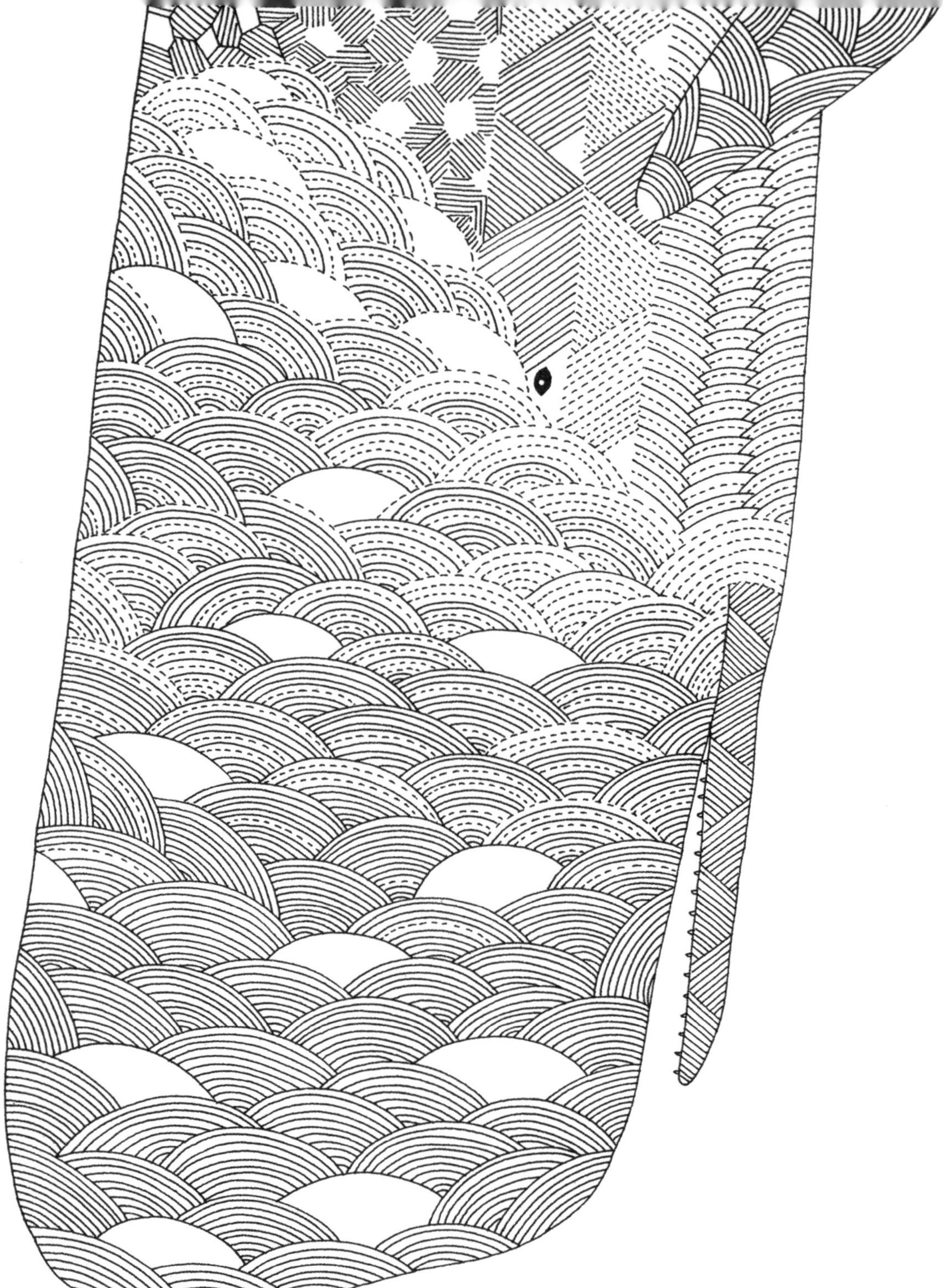

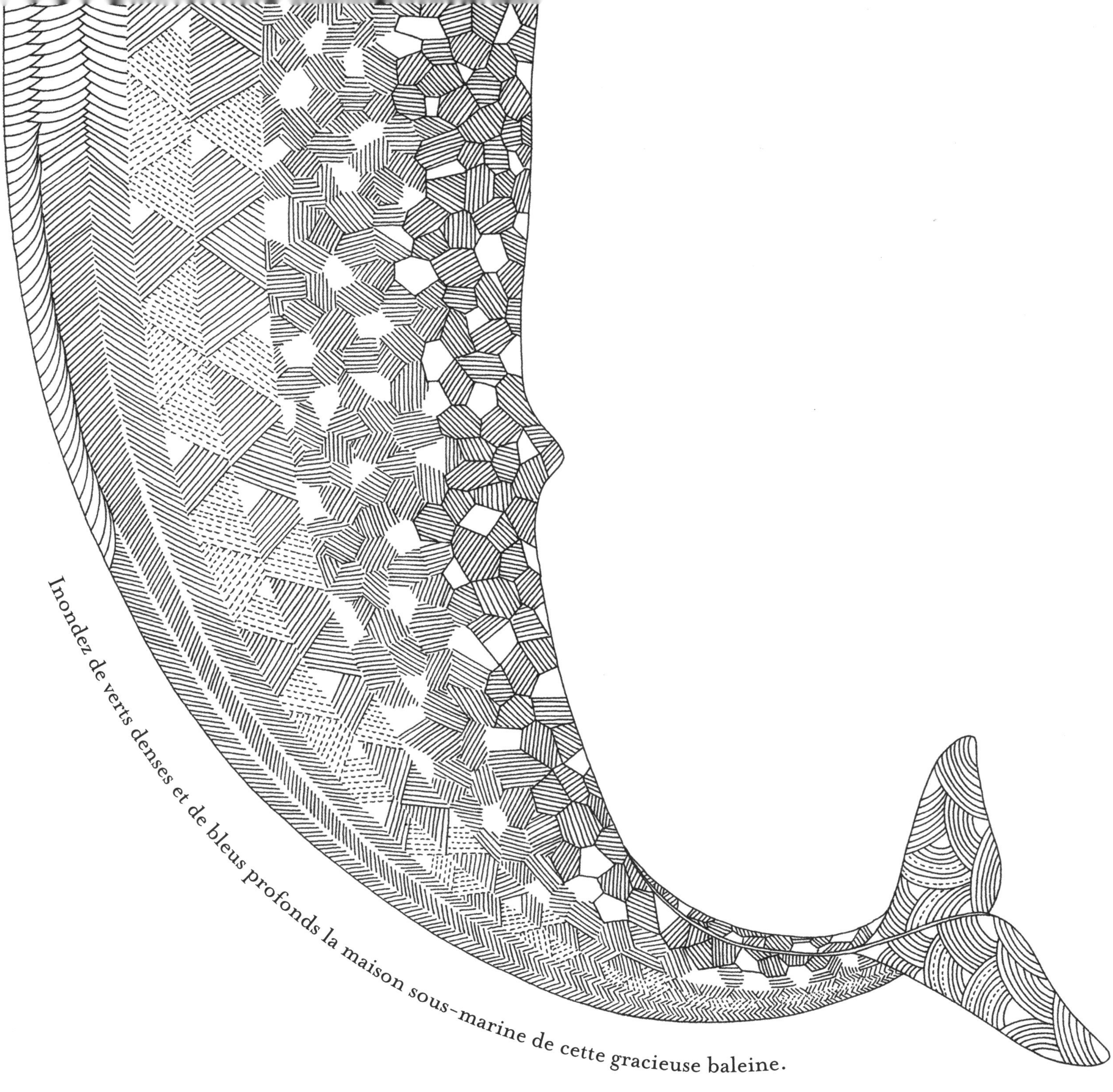

Inondez de verts denses et de bleus profonds la maison sous-marine de cette gracieuse baleine.

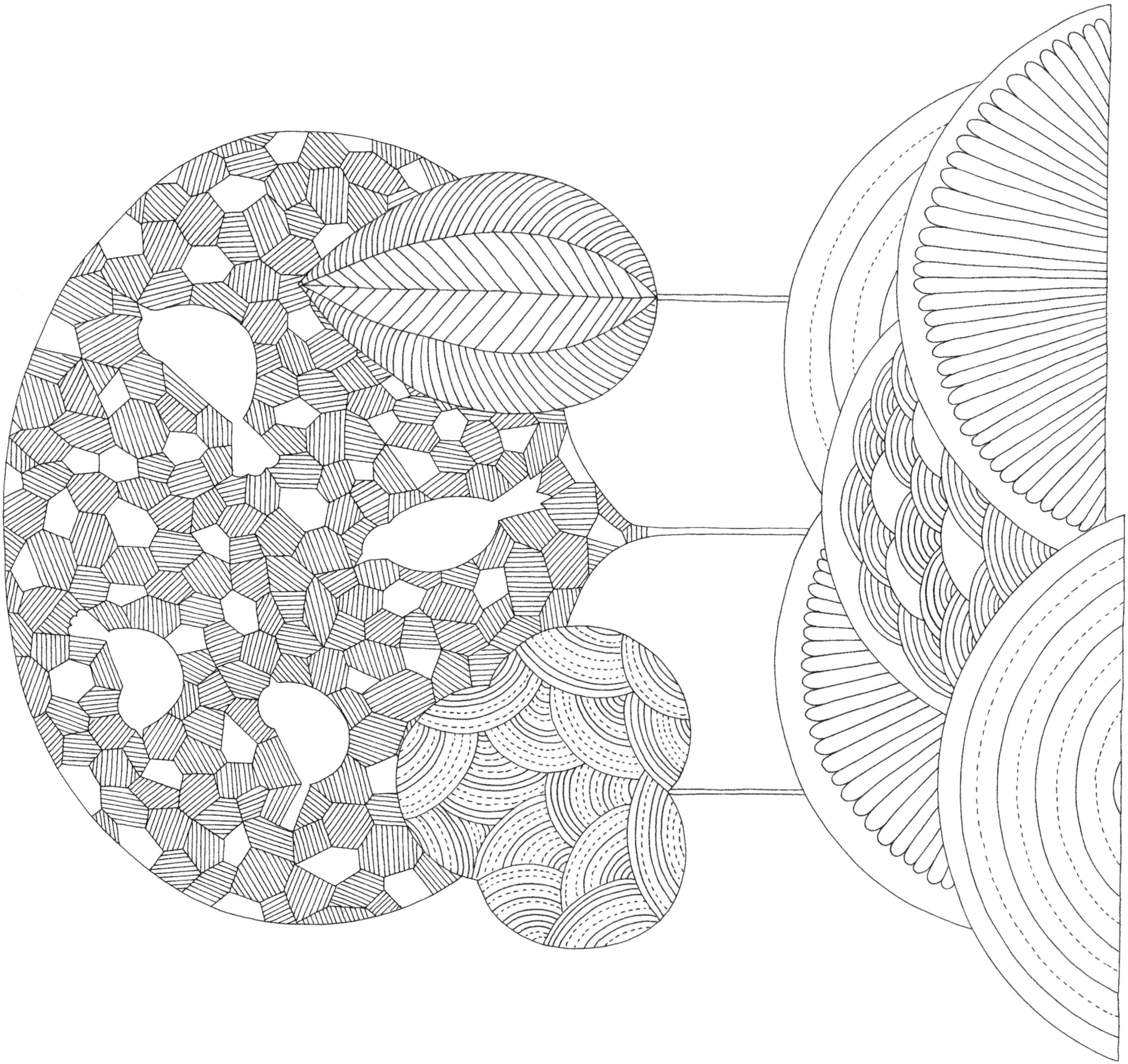

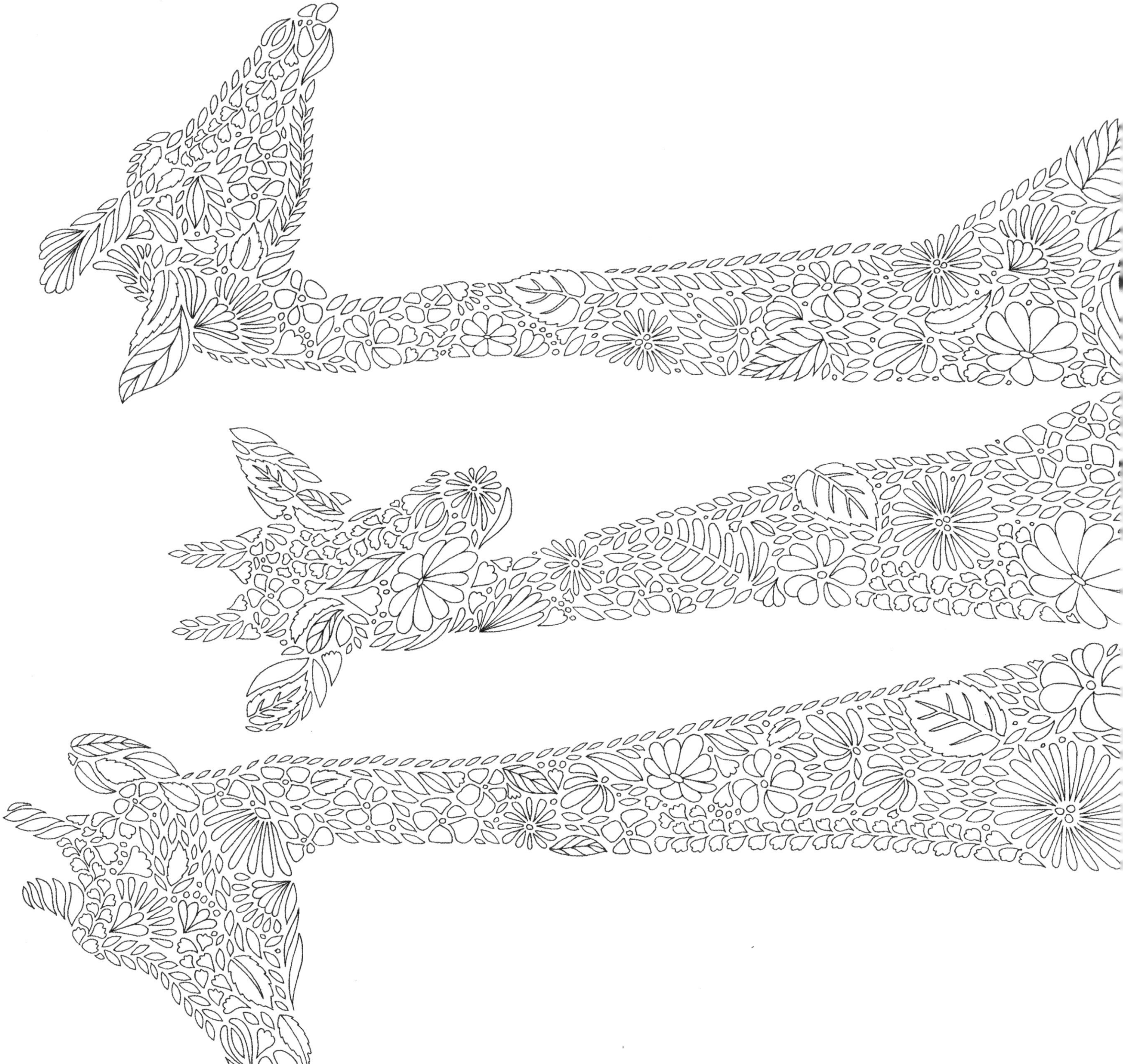

L'hippopotame adore se vautrer dans la boue. Une fois n'est pas coutume, offrez-lui un bain de couleurs.

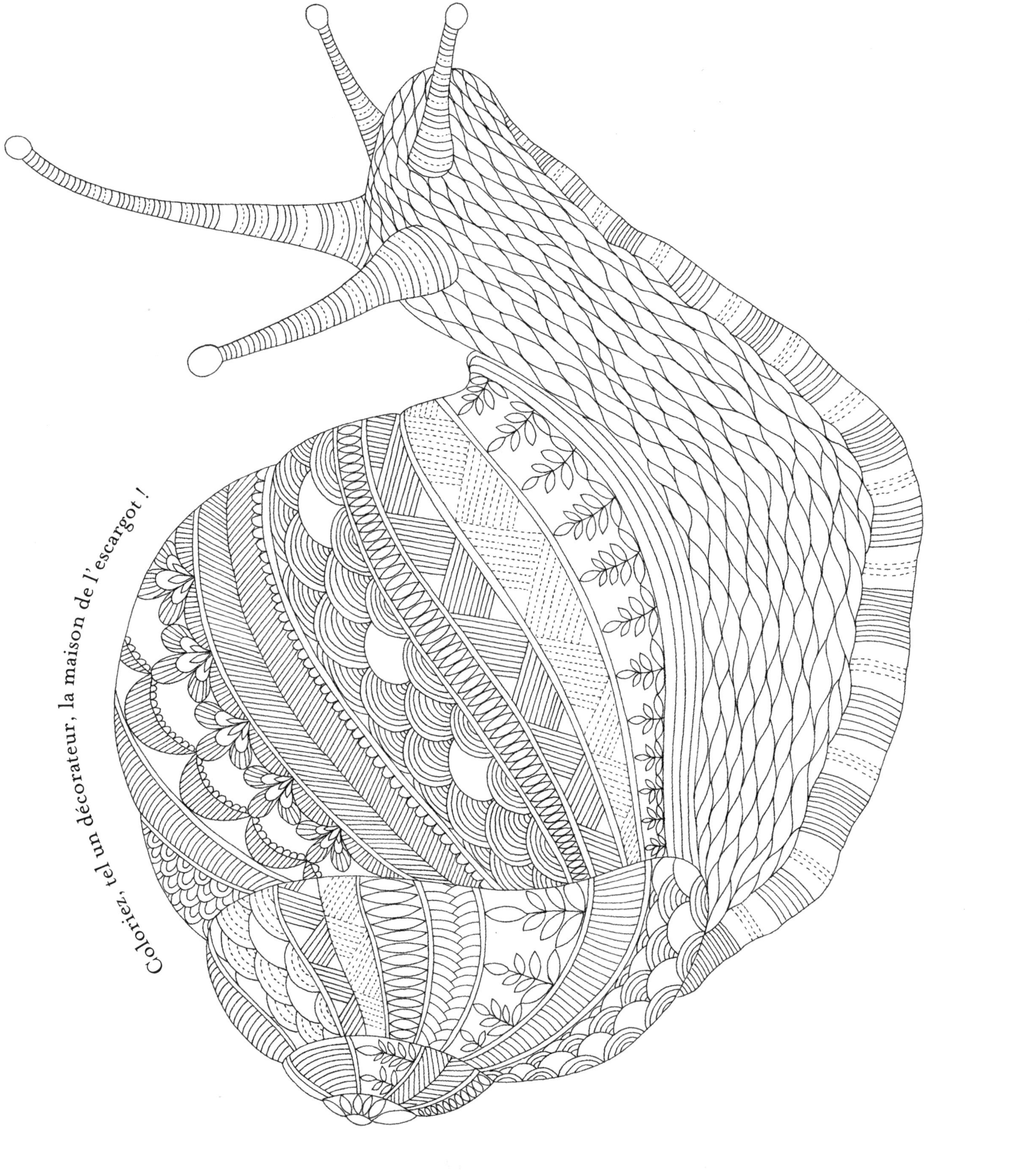

Coloriez, tel un décorateur, la maison de l'escargot !

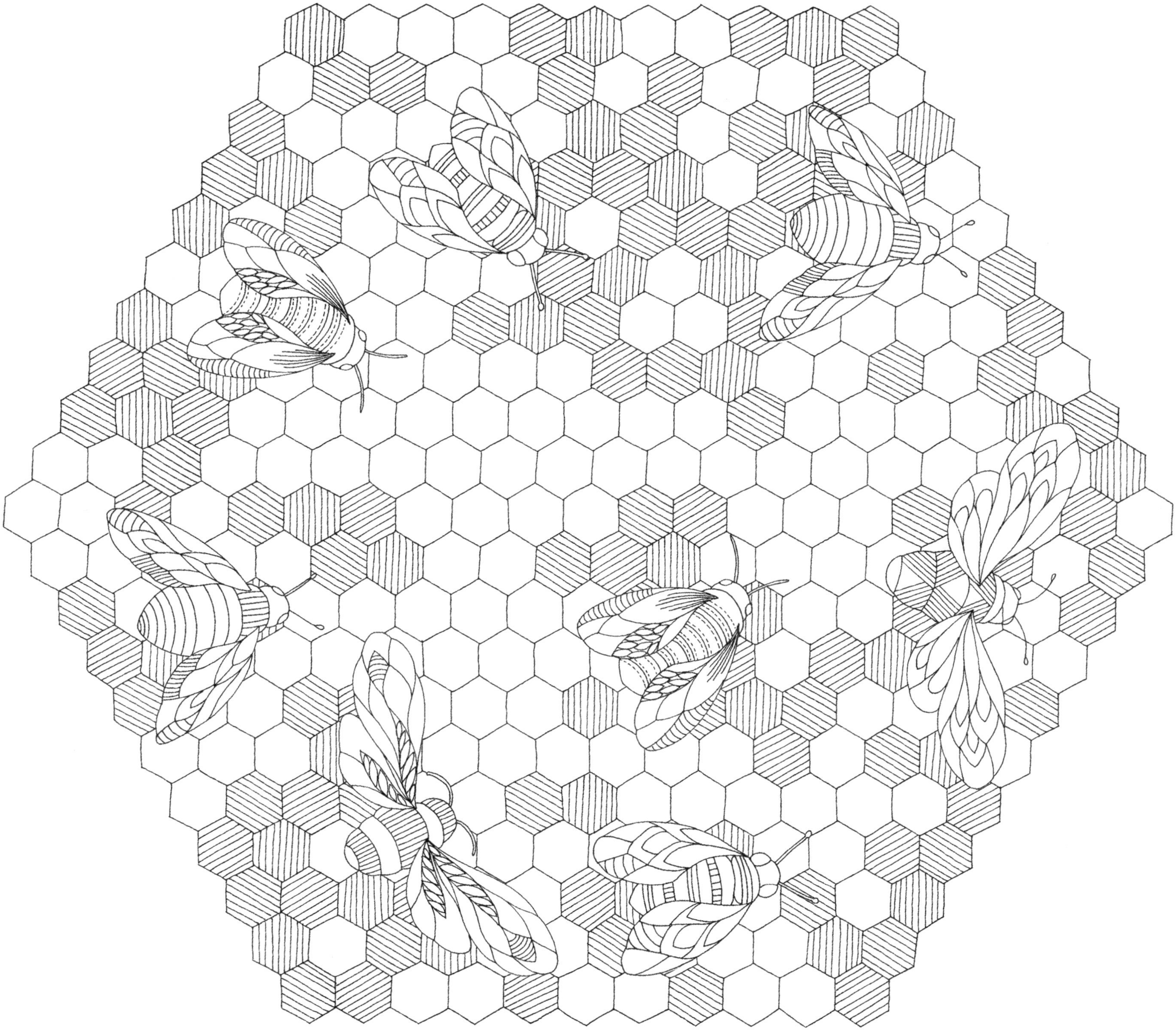

Décorez le plumage du flamant rose de couleurs éclatantes allant du rose vif au vert jade, en passant par le violet vibrant.

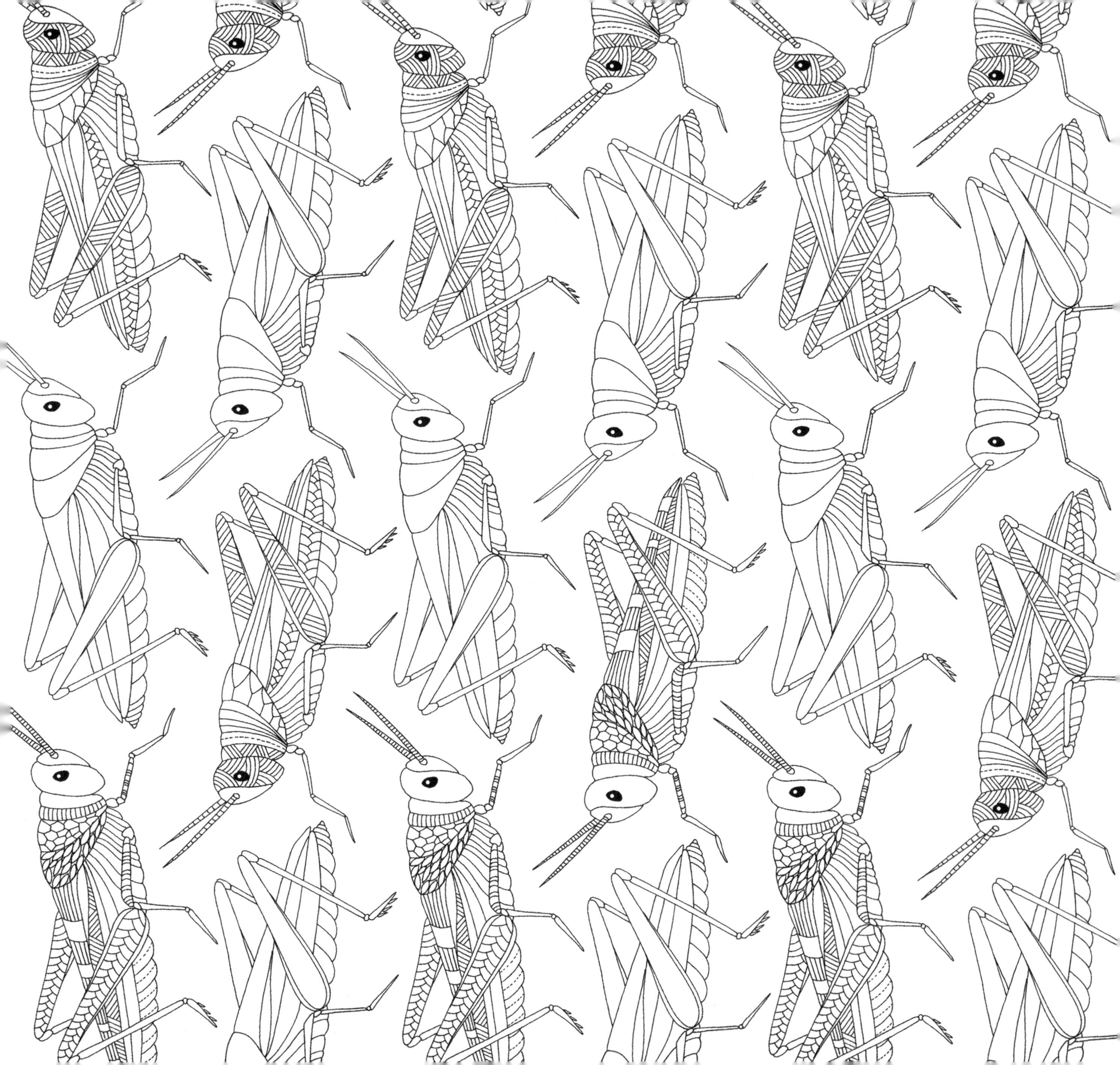

Coloriez de 100 nuances de verts le feuillage
et parez les oiseaux de couleurs mordorées.

Dessinez un décor à la mesure de ce majestueux bélier.

Créez votre propre animal fantastique… n’oubliez pas le décor.

Dépôt légal : août 2014
Isbn : 978-2-501-09693-5
49-0002-1

Traduction : Caroline de Hugo
Mise en pages : Else